ATRÉE

ET

THYESTE,

TRAGÉDIE.

Par Monsieur DE CREBILLON.

A AVIGNON,

Chez LOUIS CHAMBEAU, Imprimeur-Libraire,
près les RR. PP. Jésuites.

M. DCC. LXV.

ACTEURS.

ATRÉE, Roi d'Argos.

THYESTE, Roi de Mycènes, frere d'Atrée.

PLISTHENE, Fils d'Ærope & de Thieste, cru fils d'Atrée.

THÉODAMIE, Fille de Thyeste.

EURISTHENE, Confident d'Atrée.

ALCYMÉDON, Officier de la Flotte.

THESSANDRE, Confident de Plisthene.

LÉONIDE, Confidente de Théodamie.

SUITE D'ATRÉE.

GARDES.

La Scène est à Chalcis, Capitale de l'Isle d'Eubée, dans le Palais d'Atrée.

ATRÉE
ET
THYESTE,
TRAGÉDIE.

ACTE PREMIER.
SCENE PREMIÉRE.

ATRÉE, EURISTHENE, ALCYMÉDON Gardes.

ATRÉE.

AVec l'éclat du jour, je vois enfin renaître
L'espoir & la douceur de me venger d'un traître.
Les vents, qu'un Dieu contraire enchaînoit loin de nous,
Semblent avec les flots exciter mon courroux.
Le calme, si long-temps fatal à ma vengeance,
Avec mes ennemis n'est plus d'intelligence.
Le soldat ne craint plus qu'un indigne repos
Avilisse l'honneur de ses derniers travaux.
Allez, Alcymédon : que la Flotte d'Atrée,
Se prépare à voguer loin de l'Isle d'Eubée.
Puisque les Dieux jaloux ne l'y retiennent plus,
Portez à tous ses Chefs mes ordres absolus.

A ses Gardes.

Que tout soit prêt. Et vous, que l'on cherche Plistthène :
Je l'attends en ces lieux. Toi, demeure, Eurysthène.

A 2

SCENE II.
ATRÉE, EURISTHENE.
ATRÉE.

Enfin ce jour heureux, ce jour tant souhaité
Ranime dans mon cœur l'espoir & la fierté :
Athènes, trop long-temps l'asyle de Thyeste,
Eprouvera bientôt le sort le plus funeste.
Mon fils, prêt à servir un si juste transport,
Va porter dans ses murs & la flamme & la mort.

EURISTHENE.

Ainsi, loin d'épargner l'infortuné Thyeste,
Vous détruisez encor l'asyle qui lui reste.
Ah ! Seigneur, si le sang, qui vous unit tous deux,
N'est plus qu'un titre vain pour ce Roi malheureux,
Songez que rien ne peut mieux remplir votre envie,
Que le barbare soin de prolonger sa vie.
Accablé des malheurs qu'il éprouve aujourd'hui,
Le laisser vivre encor, c'est se venger de lui.

ATRÉE.

Que je l'épargne ? moi ! lassé de le poursuivre,
Pour me venger de lui que je le laisse vivre !
Ah ! quels que soient les maux que Thyeste ait soufferts,
Il n'aura contre moi d'asyle qu'aux Enfers :
Mon implacable cœur l'y poursuivroit encore,
S'il pouvoit se venger d'un traître que j'abhorre,
Après l'indigne affront que m'a fait son amour,
Je serai sans honneur tant qu'il verra le jour.
Un ennemi qui peut pardonner une offense,
Ou manque de courage, ou manque de puissance.
Rien ne peut arrêter mes transports furieux.
Je voudrois me venger, fût-ce même des Dieux.
Du plus puissant de tous j'ai reçu la naissance :
Je le sens au plaisir que me fait la vengeance.
Enfin, mon cœur se plaît dans cette inimitié ;
Et s'il a des vertus, ce n'est pas la pitié.
Ne m'oppose donc plus un sang que je déteste :
Ma raison m'abandonne au seul nom de Thyeste ;
Instruit par ses fureurs à ne rien ménager,
Dans les flots de son sang je voudrois le plonger.
Qu'il n'accuse que lui du malheur qui l'accable.
Le sang qui nous unit me rend-t-il seul coupable ?
D'un criminel amour le perfide enyvré,
A-t-il eu quelque égard pour un nœud si sacré ?
Mon cœur, qui sans pitié lui déclare la guerre,
Ne cherche à le punir qu'au défaut du tonnerre.

TRAGÉDIE.
EURISTHENE.
Depuis vingt ans entiers ce courroux affoibli
Sembloit pourtant laisser Thyeste dans l'oubli.
ATRÉE.
Dis plutôt qu'à punir mon ame ingénieuse
Méditoit dès ce temps une vengeance affreuse.
Je n'épargnois l'ingrat que pour mieux l'accabler:
C'est un projet enfin à te faire trembler.
Instruit des noirs transports où mon ame est livrée,
Lis mieux dans le secret & dans le cœur d'Atrée.
Je ne veux découvrir l'un & l'autre qu'à toi ;
Et je te les cachois sans soupçonner ta foi.
Ecoute. Il te souvient de ce triste hymenée,
Qui d'Ærope à mon sort unit la destinée :
Cet hymen me mettoit au comble de mes vœux ;
Mais à peine aux Autels j'en eus formé les nœuds,
Qu'à ces mêmes Autels, & par la main d'un frere,
Je me vis enlever une épouse si chere.
Tes yeux furent témoins des transports de mon cœur :
A peine mon amour égaloit ma fureur :
Jamais amant trahi ne l'a plus signalée,
Mycenes, tu le sçais, sans pitié désolée,
Par le fer & le feu vit déchirer son sein.
Mon amour outragé me rendit inhumain.
Enfin, par ma valeur Ærope recouvrée
Revint après un an entre les mains d'Atrée ;
Quoique déjà l'hymen, ou plutôt le dépit
Eussent depuis ce temps mis un autre en mon lit ;
Malgré tous les appas d'une épouse nouvelle,
Ærope à mes regards n'en parut que plus belle :
Mais en vain mon amour brilloit de nouveaux feux :
Elle avoit à Thyeste engagé tous ses vœux :
Et liée à l'ingrat d'une secrette chaîne,
Ærope, le dirai-je ? en eut pour fruit Plisthène.
EURISTHENE.
Dieux ! qu'est-ce que j'entends ? quoi ! Plisthène, Seigneur,
Reconnu dans Argos pour votre successeur !
Pour votre fils enfin !
ATRÉE.
      C'est lui-même, Euristhene.
C'est ce même Guerrier, c'est ce même Plisthène,
Que ma Cour aujourd'hui croit encor sous ce nom
Frere de Ménélas, frere d'Agamemnon.
Tu sçais, pour me venger de ma perfide Mere,
A quel excès fatal me porta ma colere :
Heureux, si le poison, qui servit ma fureur,
De mon indigne amour eût étouffé l'ardeur !
Celui de l'infidéle éclatoit pour Thyeste,
Au milieu des horreurs du sort le plus funeste :
Je ne puis, sans frémir, y penser aujourd'hui :

ATRÉE ET THYESTE,

Ærope, en expirant, brûloit encor pour lui.
Voilà ce qu'en un mot surprit ma vigilance
A ceux qui de l'ingrat avoient la confidence.
Il lui montre en ce moment une Lettre d'Ærope.
LETTRE D'ÆROPE.
D'Atrée en ce moment j'éprouve le courroux.
Cher Thyeste, & je meurs sans regretter la vie ;
Puisque je ne l'aimois que pour vivre avec vous,
Je ne murmure point qu'elle me soit ravie.
Plisthene fut le fruit de nos tristes amours :
S'il passe jusqu'à vous, prenez soin de ses jours.
Qu'il fasse quelquefois ressouvenir son pere,
Du malheureux amour qu'avoit pour lui sa mere.
Juge de quel succès ses soins furent suivis.
Je retins à la fois son billet & son fils :
Je voulus étouffer ce monstre en sa naissance ;
Mais mon cœur plus prudent l'adopta par vengeance :
Et méditant dès lors le plus affreux projet,
Je le fis au Palais apporter en secret.
Un fils venoit de naître à la nouvelle Reine :
Pour remplir mes projets je le nommai Plisthene,
Et mis le fils d'Ærope au berceau de ce fils,
Dont depuis m'ont privé les destins ennemis.
C'est sous un nom si cher qu'Argos l'a vû paroître.
Je fis périr tous ceux qui pouvoient le connoître :
Et laissant ce secret entre les Dieux & moi,
Je ne l'ai jusqu'ici confié qu'à ta foi.
Après ce que tu sçais, sans que je te l'apprenne,
Tu vois à quel dessein j'ai conservé Plisthene ;
Es puisque la pitié n'a point sauvé ses jours,
A quel usage enfin j'en destine le cours.
EURISTHENE.
Quoi, Seigneur ! sans frémir du transport qui vous guide,
Vous pourriez réserver Plisthene au parricide !
ATRÉE.
Oui, je veux que ce fruit d'un amour odieux,
Signale quelque jour ma fureur en ces lieux ;
Sous le nom de mon fils, utile à ma colere,
Qu'il porte le poignard dans le sein de son pere;
Que Thyeste en mourant, de son malheur instruit,
De ses lâches amours reconnoisse le fruit.
Oui, je veux que baigné dans le sang de ce traître,
Plisthene verse un jour le sang qui l'a fait naître ;
Et que le sien après par mes mains répandu,
Dans sa source à l'instant se trouve confondu.
Contre Thyeste enfin tout paroît légitime.
Je n'arme contre lui que le fruit de son crime :
Son forfait mit au jour un Prince malheureux ;
Il faut par un forfait les en priver tous deux.

TRAGÉDIE.

Thyeste est sans soupçons, & son ame abusée
Ne me croit occupé que de l'Isle d'Eubée.
Je ne suis en effet descendu dans ces lieux,
Que pour mieux dérober mon secret à ses yeux.
Athènes disposée à servir ma vengeance,
Avec moi dès long-temps agit d'intelligence ;
Et son Roi, craignant tout de ma juste fureur,
De son nom seulement cherche à couvrir l'honneur.
Du jour que mes vaisseaux menaceront Athènes,
De ce jour tu verras Thyeste dans mes chaînes.
Ma Flotte me répond de ce qu'on m'a promis :
Je répondrai bientôt & du pere & du fils.

EURISTHENE.

Eh bien ! sur votre frere épuisez votre haine :
Mais du moins épargnez les vertus de Plisthène.

ATRÉE.

Plisthène, né d'un sang au crime accoûtumé,
Ne démentira point le sang qui l'a formé ;
Et comme il a déjà tous les traits de sa mere,
Il auroit quelque jour les vices de son pere.
Quel peut être le fruit d'un couple incestueux ?
Moi-même j'avois cru Thyeste vertueux ;
Il m'a trompé : son fils me tromperoit de même.
D'ailleurs, il lui faudroit laisser mon diadème :
Le titre de mon fils l'assure de ce rang ;
En faudra-t-il pour lui priver mon propre sang ?
Que dis-je ? pour venger l'affront le plus funeste,
En dépouiller mes fils pour le fils de Thyeste ?
C'est ma seule fureur qui prolonge ses jours ;
Il est temps désormais qu'elle en tranche le cours ;
Je veux par les forfaits où ma haine me livre,
Me payer des momens que je l'ai laissé vivre.
Que l'on approuve ou non un dessein si fatal,
Il m'est doux de verser tout le sang d'un rival.
Mais Plisthène paroît, songe que ma vengeance,
Renferme des secrets consacrés au silence.

SCENE III.

ATRÉE, PLISTHENE, EURISTHENE, THESSANDRE, Gardes.

ATRÉE.

PRince, cet heureux jour, mais si lent à mon gré,
Presse enfin un départ trop long-temps différé :
Tout semble en ce moment proscrire un infidéle.
La mer mugit au loin, & le vent vous appelle :
Le soldat, dont ce bruit a réveillé l'ardeur,
Au seul nom de son Chef se croit déja vainqueur ;

On'en attend pas moins de sa valeur suprême,
Que ce qu'en vit Elis, Rhodes, cette Isle même;
Et moi, que ce Héros ne sert point à demi,
J'en attends encor plus que n'en craint l'ennemi.
Je connois de ce Chef la valeur & le zèle;
Je sçai que je n'ai point de sujet plus fidéle.
Aujourd'hui cependant souffrez sans murmurer,
Que votre pere encor cherche à s'en assurer;
L'affront est grand, l'ardeur de s'en venger extrême:
Jurez-moi donc, mon fils, par les Dieux, par moi-même,
(Si le Destin pour nous se déclare jamais)
Que vous me vengerez au gré de mes souhaits.
Oui, je puis m'en flatter, je connois trop Plisthène,
Plus ardent que moi-même, il servira ma haine.
A peine mon courroux égale son grand cœur.
Il vengera son pere.

PLISTHENE.

En doutez-vous, Seigneur?
Eh! depuis quand ma foi vous est-elle suspecte?
Avez-vous des desseins que mon cœur ne respecte?
Ah! si vous en doutiez, de mon sang le plus pur,...

ATRÉE.

Mon fils, sans en douter, je veux en être sûr.
Jurez-moi qu'à mes loix votre main asservie
Vengera mes affronts au gré de mon envie.

PLISTHENE.

Seigneur, je n'ai point cru que pour servir mon Roi
Il falloit exciter ni ma main, ni ma foi.
Faut-il par des sermens que mon cœur vous rassure?
Le soupçonner, Seigneur, c'est lui faire une injure.
Vous me verrez toujours contre vos ennemis
Remplir tous les devoirs de sujet & de fils.
Oui, j'atteste des Dieux la majesté sacrée,
Que je serai soumis aux volontés d'Atrée;
Que par moi seul enfin son courroux assouvi
Fera voir à quel point je lui suis asservi.

ATRÉE.

Ainsi, prêt de punir l'ennemi qui m'offense,
Je puis tout espérer de votre obéissance;
Et le lâche, à mes yeux par vos mains égorgé,
Ne triomphera plus de m'avoir outragé.
Allez: que votre bras, à l'Attique funeste,
S'apprête à m'immoler le perfide Thyeste.

PLISTHENE.

Moi, Seigneur!

ATRÉE.

Oui, mon fils. D'où naît ce changement?
Quel repentir succéde à votre empressement?
Quelle étoit donc l'ardeur que vous faisiez paroître?
Tremblez-vous lorsqu'il faut me délivrer d'un traître?

PLYSTHENE.

TRAGÉDIE.
PLISTHENE.
Non. Mais daignez m'armer pour un emploi plus beau,
Je serai son vainqueur, & non pas son bourreau.
Songez-vous bien quel nœud vous unit l'un & l'autre ?
En répandant son sang je répandrois le vôtre.
Ah ! Seigneur, est-ce ainsi que l'on surprend ma foi ?
ATRÉE.
Les Dieux m'en sont garans : c'en est assez pour moi.
PLISTHENE.
Juste Ciel !
ATRÉE.
J'entrevois dans votre ame interdite
De secrets sentimens dont la mienne s'irrite.
Etouffez des regrets désormais superflus :
Partez, obéissez, & ne répliquez plus.
Des bords Athéniens j'attends quelque nouvelle.
Vous cependant volez où l'honneur vous appelle.
Que ma flotte avec vous se dispose à partir ;
Et quand tout sera prêt, venez m'en avertir :
Je veux de ce départ être témoin moi-même.

SCENE IV.
PLISTHENE, THESSANDRE.
PLISTHENE.
Qu'ai-je fait, malheureux ? quelle imprudence extrême !
Je ne sçai quel effroi s'empare de mon cœur :
Mais tout mon sang se glace, & je frémis d'horreur.
Dieux ! que dans mes sermens, malgré moi j'intéresse,
Perdez le souvenir d'une indigne promesse,
Ou recevez ici le serment que je fais,
En dussai-je périr, de n'obéir jamais.
Mais pourquoi m'allarmer d'un serment si funeste ?
Que peut craindre un grand cœur quand sa vertu lui reste ?
Athènes me répond d'un trépas glorieux ;
Et j'y cours m'affranchir d'un serment odieux.
Survivre aux maux cruels dont le destin m'accable,
Ce seroit plus que lui m'en rendre un jour coupable :
Haï, persécuté, chargé d'un crime affreux,
Dévoré sans espoir d'un amour malheureux,
Malgré tant de mépris que je chéris encore,
La mort est désormais le seul Dieu que j'implore ;
Trop heureux de pouvoir arracher en un jour
Ma gloire à mes sermens, mon cœur à son amour.
THESSANDRE.
Que dites-vous, Seigneur ? Quoi, pour une inconnue....

B

PLISTHENE

Peux-tu me condamner, Thessandre ? Tu l'as vue.
Non, jamais plus de grace, & plus de majesté,
N'ont distingué les traits de la divinité.
Sa beauté, tout enfin, jusqu'à son malheur même,
N'offre en elle qu'un front digne du diadême :
De superbes débris, cette noble fierté,
Tout en elle du sang marque la dignité.
Je te dirai bien plus : cette même inconnue
Voit mon ame à regret dans ses fers retenue.
Et qui peut dédaigner mon amour & mon rang
Ne peut être formé que d'un illustre sang.
Quoi qu'il en soit, mon cœur, charmé de ce qu'il aime,
N'examine plus rien dans son amour extrême.
Quel cœur n'eût elle pas attendri, justes Dieux !
Dans l'état où le sort vint l'offrir à mes yeux ?
Déplorable jouet des vents, & de l'orage,
Qui même, en l'y poussant, l'envioient au rivage ;
Roulant parmi les flots les morts, & les débris,
Des horreurs du trépas les traits déja flétris,
Mourante entre les bras de son malheureux pere,
Tout prêt lui-même à suivre une fille si chere....
J'entends du bruit, on vient : Peut-être c'est le Roi ;
Mais non, c'est l'Etrangere. Ah ! qu'est-ce que je vois ?
Thessandre, un soin pressant semble occuper son ame.

SCENE V.

THÉODAMIE, PLISTHENE, THESSANDRE, LEONIDE.

PLISTHENE

OU portez-vous vos pas ? me cherchez-vous, Madame ?
Du trouble où je vous vois ne puis-je être éclairé.

THÉODAMIE.

C'est vous-même, Seigneur, que je cherchois ici.
D'Athènes, dès long-temps, embrassant la conquête,
On dit qu'à s'éloigner votre Flotte s'apprête,
Que chaque instant d'Atrée excitant le courroux,
Pour sortir de Chalcis elle n'attend que vous.
Si ce n'est pour vous faire une injuste priere,
Je viens vous demander un vaisseau pour mon pere.
Le sien, vous le sçavez, périt presqu'à vos yeux ;
Et nous n'avons d'appui que de vous en ces lieux.
Vous sauvâtes des flots & le pere & la fille :
Achevez de sauver une triste famille.

TRAGÉDIE.
PLISTHENE.

Voyez ce que je puis, voyez ce que je dois.
D'Atrée, en ces climats tout respecte les loix;
Il n'est que trop jaloux de son pouvoir suprême,
Je ne puis rien ici, si ce n'est par lui même :
Il reverra bientôt ses vaisseaux avec soin,
Et du départ lui-même il doit être témoin.
Voyez-le, Il vous souvient comme il vous a reçue,
Le jour que ce Palais vous offrit à sa vue ;
Il plaignit vos malheurs, vous offrit son appui :
Son cœur ne sera pas moins sensible aujourd'hui.
Vous n'en éprouverez qu'une bonté facile.
Mais qui peut vous forcer à quitter cet asyle ?
Quel déplaisir secret vous chasse de ces lieux ?
Mon amour vous rend-t-il ce séjour odieux ?
Ces bords sont-ils pour vous une terre étrangere ?
N'y reverra-t-on plus ni vous ni votre pere ?
Quel est son nom, le vôtre, où portez-vous vos pas ?
Ne connoîtrai-je enfin de vous que vos appas ?

THEODAMIE.

Seigneur, trop de bonté pour nous vous intéresse.
Mon nom est peu connu, ma patrie est la Grèce ;
Et j'ignore en quels lieux, sortant de ces climats,
Mon Pere infortuné doit adresser ses pas.

PLISTHENE.

Je ne vous presse point d'éclaircir ce mystère :
Je souscris au secret que vous voulez m'en faire.
Abandonnez ces lieux, ôtez-moi pour jamais
Le dangereux espoir de revoir vos attraits.
Fuyez un malheureux, punissez-le, Madame,
D'oser brûler pour vous de la plus vive flamme.
Et moi, prêt d'adorer jusqu'à votre rigueur,
J'attendrai que la mort vous chasse de mon cœur.
C'est dans mon sort cruel mon unique espérance.
Mon amour cependant n'a rien qui vous offense :
Le Ciel m'en est témoin, & jamais vos beaux yeux
N'ont peut-être allumé de moins coupables feux :
Ce cœur, à qui le vôtre est toujours si sévére,
N'offrit jamais aux Dieux d'hommage plus sincére.
Inutiles respects, reproches superflus !
Tout va nous séparer : je ne vous verrai plus.
Adieu, Madame, adieu : prompt à vous satisfaire,
Je reviendrai, pour vous m'employer près d'un pere.
Quel qu'en soit le succès, je vous réponds du moins,
Malgré votre rigueur, de mes plus tendres soins.

SCENE VI.
THÉODAMIE, LÉONIDE.
THÉODAMIE

Où sommes-nous ? hélas ! ma chere Léonide,
Quel astre injurieux en ces climats nous guide ?
O vous, qui nous jettez sur ces bords odieux,
Cachez-nous au tyran qui régne dans ces lieux :
Dieux puissans ! sauvez-nous d'une main ennemie.
Quel séjour pour Thyeste & pour Théodamie !
Du sort qui nous poursuit vois quelle est la rigueur.
Atrée, après vingt ans rallumant sa fureur,
Sous d'autres intérêts déguisant ce mystère,
Armé pour désoler l'asyle de son frere,
L'infortuné Thyeste, instruit de ce danger,
A son tour en secret arme pour se venger ;
Flatté du vain espoir de rentrer dans Mycènes,
Tandis que l'ennemi vogueroit vers Athènes,
Ou pendant que Chalcis, par de puissans efforts,
Reriendroit le tyran sur ces funestes bords.
Inutiles projets, inutile espérance !
L'Euripe a tout détruit : plus d'espoir de vengeance ;
Et c'est ce même amant, ce Prince généreux,
Sans qui nous périssions sur ce rivage affreux ;
Ce Prince, à qui je dois le salut de mon pere,
Qui la foudre à la main va combler sa misere.
Athènes va tomber, si, pour comble de maux,
Thyeste dans ces murs n'accable ce héros :
Trop heureux cependant, si de l'Isle d'Eubée
Il pouvoit s'éloigner sans le secours d'Atrée.
Sauvez-l'en, s'il se peut, grands Dieux ! votre courroux
Poursuit-il des mortels si semblables à vous ?
Ciel ! puisqu'il faut punir, venge-toi sur son frere.
Atrée est un objet digne de ta colere.
Je tremble à chaque pas que je fais en ces lieux.
Hélas ! Thyeste en vain s'y cache à tous les yeux ;
Quoiqu'absent dès long-temps, on peut le reconnoître ;
Heureux que sa langueur l'empêche d'y paroître.

LÉONIDE.
Espérez du destin un traitement plus doux ;
Que craindre du Tyran quand son fils est pour vous ?
Attendez tout d'un cœur & généreux & tendre :
La main qui vous sauva peut encor vous défendre.
Tout n'est pas contre vous dans ce fatal séjour,
Puisque déja vos yeux y donnent de l'amour.

TRAGÉDIE.
THÉODAMIE.

Ne comptes-tu pour rien un amour si funeste ?
Le fils d'Atrée aimer la fille de Thyeste !
Hélas ! si cet amour est un crime pour lui,
Comment nommer le feu dont je brûle aujourd'hui ?
Car enfin ne crois pas que j'y sois moins livrée ;
La fille de Thyeste aime le fils d'Atrée.
Contre tant de vertus mon cœur mal affermi
Craint plus en lui l'Amant qu'il ne craint l'ennemi.
Mais mon pere m'attend : allons lui faire entendre,
Pour un départ si prompt, le parti qu'il faut prendre.
Heureuse cependant, si ce funeste jour
Ne voit d'autres malheurs que ceux de notre amour !

Fin du premier Acte.

ACTE II.

THYESTE, THÉODAMIE, LÉONIDE.

THYESTE.

CE n'est plus pour tenter une grace incertaine ;
Mais avant son départ je voudrois voir Plisthène :
Léonide, sçachez s'il n'est point de retour.
Ma fille, il faut songer à fuir de ce séjour.
Tout menace à la fois l'asyle de Thyeste ;
Défendons, s'il se peut, le seul bien qui nous reste.
D'un pere infortuné que prétendent vos pleurs ?
Voulez-vous dans ces lieux voir combler mes malheurs ?
Pourquoi sur mes desirs cherchant à me contraindre,
Ne point voir le Tyran ? qu'en avez-vous à craindre ?
Sans lui, sans son secours, quel sera mon espoir ?
Vous voyez que Plisthène est ici sans pouvoir,
Qu'il va bientôt voguer vers le Port de Pyrée ;
Voulez-vous qu'à ma fuite il en ferme l'entrée ?
Le voile se déploye, & flotte au gré des vents ;
Laissez-moi profiter de ces heureux instans.
Voyez, puisqu'il le faut, l'inexorable Atrée :
Si sa Flotte une fois abandonne l'Eubée,
Par quel autre moyen me sera-t-il permis
De sortir désormais de ces lieux ennemis ?

THÉODAMIE.

Ne précipitez rien : quel intérêt vous presse ?
Pourquoi, Seigneur, pourquoi vous exposer sans cesse ?
A peine enfin sauvé de la fureur des eaux,
Ne vous rejettez point dans de périls nouveaux.
A partir de Chalcis le Tyran se prépare,
Les vents vont de cette Isle éloigner ce barbare :

D'un secours dangereux sans tenter le hazard,
Cachez-vous avec soin jusques à son départ.
THYESTE.
Ma fille, quel conseil ! Eh quoi ! vous pouvez croire
Que je veuille à mes jours sacrifier ma gloire ?
Non, non, je ne puis voir désoler sans secours
Des Etats si long-temps l'asyle de mes jours.
Moi qui ne prétendois m'emparer de Mycènes
Que pour forcer Atrée à s'éloigner d'Athènes,
Je l'abandonnerois lorsqu'elle va périr !
Non, je cours dans ses murs la défendre ou mourir.
Vous m'opposez en vain l'impitoyable Atrée.
Peut-il me soupçonner d'être en cette contrée ?
Sans appui, sans secours, sans suite dans ces lieux,
Sans éclat qui sur moi puisse attirer les yeux,
Dans l'état où m'a mis la colere céleste,
Hélas ! & qui pourroit reconnoître Thyeste ?
Voyez donc le Tyran ; quel que soit son courroux,
C'est assez que mon cœur n'en craigne rien pour vous.
Ma fille, vous sçavez que sa main meurtriere
Ne poursuit point sur vous le crime d'une mere.
C'est moi seul, c'est Ærope enlevée à ses vœux :
Et vous ne sortez point de ce sang malheureux.
Allez : votre frayeur, qui dans ces lieux m'arrête,
Est le plus grand péril qui menace ma tête.
Demandez un vaisseau, quel qu'en soit le danger,
Mon cœur au désespoir n'a rien à ménager.
THÉODAMIE.
Ah ! périsse plutôt l'asyle qui nous reste,
Que de tenter, Seigneur, un secours si funeste.
THYESTE.
En dussai-je périr, songez que je le veux.
Sauvez-moi, par pitié de ces bords dangereux.
Du soleil à regret j'y revois la lumiere.
Malgré moi le sommeil y ferme ma paupiere.
De mes ennuis secrets rien n'arrête le cours :
Tout à de tristes nuits joint de plus tristes jours.
Une voix, dont enfin je cherche à me défendre,
Jusqu'au fond de mon cœur semble se faire entendre.
J'en suis épouvanté les songes de la nuit
Ne se dissipent point par le jour qui la suit :
Malgré ma fermeté, d'infortunés présages
Asserviffent mon ame à ces vaines images.
Cette nuit même encor j'ai senti dans mon cœur
Tout ce que peut un songe inspirer de terreur.
Près de ces noirs détours, que la rive infernale
Forme à replis divers dans cette Isle fatale,
J'ai cru long-temps errer parmi les cris affreux
Que des Mânes plaintifs poussoient jusques aux Cieux.

TRAGÉDIE.

Parmi ces tristes voix, sur ce rivage sombre,
J'ai cru d'Ærope en pleurs entendre gémir l'ombre;
Bien plus, j'ai cru la voir s'avancer jusqu'à moi,
Mais dans un appareil qui me glaçoit d'effroi.
» Quoi ! tu peux t'arrêter dans ce séjour funeste ?
» Suis-moi, m'a t-elle dit, infortuné Thyeste.
Le Spectre, à la lueur d'un triste & noir flambeau,
A ces mots m'a traîné jusques sur son tombeau.
J'ai frémi d'y trouver le redoutable Atrée,
Le geste menaçant, & la vue égarée,
Plus terrible pour moi dans ces cruels momens,
Que le tombeau, le spectre, & ses gémissemens.
J'ai cru voir le barbare entouré de Furies :
Un glaive encor fumant armoit ses mains impies;
Et sans être attendri de ses cris douloureux,
Il sembloit dans son sang plonger un malheureux.
Ærope, à cet aspect plaintive & désolée,
De ses lambeaux sanglans à mes yeux s'est voilée :
Alors j'ai fait pour fuir des efforts impuissans;
L'horreur a suspendu l'usage de mes sens.
A mille affreux objets l'ame entiere livrée,
Ma frayeur m'a jetté sans force aux pieds d'Atrée :
Le cruel d'une main sembloit m'ouvrir le flanc,
Et de l'autre, à longs traits m'abreuver de son sang :
Le flambeau s'est éteint ; l'Ombre a percé la terre,
Et le songe a fini par un coup de tonnerre.

THÉODAMIE.

D'un songe si cruel quelle que soit l'horreur,
Ce phantôme peut-il troubler votre grand cœur ?
C'est une illusion.

THYESTE.

                J'en croirois moins un songe,
Sans les ennuis secret où ma douleur me plonge.
J'en crains plus du Tyran qui régne dans ces lieux,
Que d'un songe si triste, & peut-être des Dieux ;
Je ne connois que trop la fureur qui l'entraîne.

THÉODAMIE.

Vous connoissez aussi les vertus de Plisthène...

THYESTE.

Quoiqu'il soit né d'un sang que je ne puis aimer,
Sa générosité me force à l'estimer ;
Ma fille, à ses vertus je sçai rendre justice :
Des fureurs du Tyran son fils n'est point complice.
Je sens bien quelquefois que je dois le haïr :
Mais mon cœur sur ce point a peine à m'obéir :
Hélas ! & plus je vois ce généreux Plisthène,
Plus je trouve des traits qui désarment ma haine.
Mon cœur, qui cependant craint de lui trop devoir,
Ni ne veut, ni ne doit compter sur son pouvoir.

ATRÉE ET THYESTE;
Quoique sur sa vertu vous soyez rassurée,
Je suis toujours Thyeste, & lui le fils d'Atrée.
Je crois voir le Tyran : je vous laisse avec lui ;
Ma fille, devenez vous-même notre appui :
Tentez tout sur le cœur de mon barbare frere ;
Songez qu'il faut sauver & vous & votre pere.

SCENE II.
ATRÉE, THÉODAMIE, EURISTHENE, ALCYMEDON, LÉONIDE, GARDES.

ALCYMÉDON.

Vous tenteriez, Seigneur, un inutile effort :
Je le sçai d'un vaisseau qui vient d'entrer au Port.
On ne sçait s'il a pris la route de Mycènes :
Mais depuis près d'un mois il n'est plus dans Athènes.
Vous en pourrez vous-même être mieux éclairci :
Le Chef de ce vaisseau sera bientôt ici.

ATRÉE.

Qu'il vienne, Alcymédon : allez, qu'on me l'amene :
Je l'attends : avec lui faites venir Plisthène :
Il doit être déjà de retour en ces lieux :
à Théodamie.
Madame, quel dessein vous présente à mes yeux ?

THÉODAMIE.

Prête à tenter, Seigneur, la route du Bosphore,
Souffrez qu'une Etrangere aujourd'hui vous implore.
J'éprouve dès-long-temps qu'un Roi si généreux
Ne voit point sans pitié le sort des malheureux.
Sur ces bords échappée au plus cruel naufrage,
Les flots de mes débris ont couvert ce rivage.
Sans appui, sans secours dans ces lieux écartés,
J'attends tout désormais de vos seules bontés.
Vous parûtes sensible au destin qui m'accable ;
Puis-je espérer, Seigneur, qu'un Roi si redoutable
Daigne, de mes malheurs plus touché que les Dieux,
M'accorder un vaisseau pour sortir de ces lieux.

ATRÉE.

Puisque la mer vous laisse une libre retraite,
Ordonnez, & bientôt vous serez satisfaite :
Disposez de ma flotte avec autorité.
Un vaisseau suffit-il pour votre sûreté ?
Prête à sortir des lieux qui sont sous ma puissance ?
Où vous conduira-t-il ?

THÉODAMIE.
Seigneur, c'est à Bizance,
Où je prétends bientôt, aux pieds de nos Autels,
Du prix de vos bienfaits charger les immortels.

ATRÉE

TRAGEDIE.

ATRÉE.
Mais Bizance, Madame, est-ce votre patrie ?
THÉODAMIE.
Non, j'ai reçu le jour non loin de la Phrygie.
ATRÉE.
Par quel étrange sort, si loin de ces climats,
Vous retrouvez-vous donc dans mes nouveaux Etats ?
Ce vaisseau que les vents jetterent dans l'Eubée,
Sortoit-il de Bizance, ou du Port de Pyrée ?
En vous sauvant des flots, mon fils, je m'en souviens,
Ne trouva sur ces bords que des Athéniens.
THÉODAMIE.
Peut-être, comme nous le jouet de l'orage,
Ils furent comme nous poussés sur ce rivage :
Mais ceux qu'en ce Palais a sauvé votre fils,
Ne sont point nés, Seigneur, parmi vos ennemis.
ATRÉE.
Mais, Madame, parmi cette troupe étrangere,
Plistène sur ces bords rencontra votre pere :
Dédaigne-t-il un Roi qui devient son appui ?
D'où vient que devant moi vous paroissez sans lui ?
THÉODAMIE.
Mon pere infortuné, sans amis, sans patrie,
Traîne à regret, Seigneur, une importune vie,
Et n'est point en état de paroître à vos yeux.
ATRÉE.
Gardes, faites venir l'étranger en ces lieux.
THÉODAMIE.
On doit des malheureux respecter la misere.

ATRÉE.
Je veux de ses malheurs consoler votre pere ;
Je ne veux rien de plus : mais quel est votre effroi ?
Votre pere, Madame, est-il connu de moi ?
A-t-il quelques raisons de redouter ma vue ?
Quelle est donc la frayeur dont je vous vois émue ?
THÉODAMIE.
Seigneur, d'aucun effroi mon cœur n'est agité.
Mon pere peut ici paroître en sûreté.
Hélas ! à se cacher qui pourroit le contraindre ?
Etranger dans ces lieux, eh ! qu'auroit-il à craindre ?
A ses jours languissans le péril attaché
Le retenoit, Seigneur, sans le tenir caché.
(Le voilà, je succombe, & me soutiens à peine.
Dieux ! cachez-le au Tyran, ou ramenez Plisthène.)

C

SCÈNE III.

ATRÉE, THYESTE, THÉODAMIE, EURISTHENE, LÉONIDE, Gardes.

ATRÉE.

Etranger malheureux, que le sort en courroux,
Laſſé de te pourſuivre, a jetté parmi nous,
Quel eſt ton nom, ton rang ? quels humains t'ont vû naître ?

THYESTE.

Les Thraces.

ATRÉE.

Et ton nom ?

THYESTE.

Pourriez-vous le connoître ?
Philoclete.

ATRÉE.

Ton rang ?

THYESTE.

Noble, ſans dignité,
Et toujours le jouet du deſtin irrité.

ATRÉE.

Où s'adreſſoient tes pas, & de quelle contrée
Revenoit ce vaiſſeau briſé de l'Eubée ?

THYESTE.

De Seſtos ; & j'allois à Delphes implorer
Des Dieux dont les rayons daignent nous éclairer.

ATRÉE.

Et tu vas de ces lieux ?....

THYESTE.

Seigneur, c'eſt dans l'Aſie,
Où je vais terminer ma déplorable vie ;
Eſpérant aujourd'hui que de votre bonté
J'obtiendrai le ſecours que les flots m'ont ôté.
Daignez....

ATRÉE.

Quel ſon de voix a frappé mon oreille !
Quel tranſport tout à coup dans mon cœur ſe réveille !
D'où naiſſent à la fois des troubles ſi puiſſans ?
Quelle ſoudaine horreur s'empare de mes ſens !
Toi qui pourſuis le crime avec un ſoin extrême,
Ciel ! rends vrais mes ſoupçons, & que ce ſoit lui-même.
Je ne me trompe point, j'ai reconnu ſa voix ;
Voilà ſes traits encor. Ah ! c'eſt lui que je vois.
Tout ce déguiſement n'eſt qu'une adreſſe vaine :
Je le reconnoîtrois ſeulement à ma haine.
Il fait pour ſe cacher des efforts ſuperflus.
C'eſt Thyeſte lui-même, & je n'en doute plus.

TRAGÉDIE.
THYESTE.
Moi Thyeste, Seigneur !
ATRÉE.
Oui, toi-même, perfide !
Je ne le sens que trop au transport qui me guide;
Et je hais trop l'objet qui paroît à mes yeux,
Pour que tu ne sois point ce Thyeste odieux.
Tu fais bien de nier un nom si méprisable.
En est-il sous le Ciel un qui soit plus coupable ?
THYESTE.
Eh bien ! reconnois-moi : je suis ce que tu veux,
Ce Thyeste ennemi, ce frere malheureux.
Quand même tes soupçons & ta haine funeste
N'eussent point découvert l'infortuné Thyeste,
Peut-être que la mienne, esclave malgré moi,
Aux dépens de tes jours m'eût découvert à toi.
ATRÉE.
Ah ! traître c'en est trop : le courroux qui m'anime
T'apprendra si je sçai comme on punit un crime.
Je rends graces au Ciel qui te livre en mes mains.
Sans doute que les Dieux approuvent mes desseins;
Puisqu'avec mes fureurs leurs soins d'intelligence
T'amenent dans des lieux tous pleins de ma ven-
    geance.
Perfide, tu mourras : Oui, c'est fait de ton sort.
Ton nom seul en ces lieux est l'arrêt de ta mort.
Rien ne t'en peut sauver, la foudre est toute prête;
J'ai suspendu long-temps sa chûte sur ta tête.
Le temps qui t'a sauvé d'un vainqueur irrité,
A grossi tes forfaits par leur impunité.
THYESTE.
Que tardes-tu cruel, à remplir ta vengeance ?
Attends-tu de Thyeste une nouvelle offense ?
Si j'ai pu quelque temps te déguiser mon nom,
Le soin de me venger en fut seul la raison.
Ne crois pas que la peur des fers ou du supplice
Ait à mon cœur tremblant dicté cet artifice.
Ærope par ta main a vû trancher ses jours ;
La même main des miens doit terminer le cours;
Je n'en puis regretter la triste destinée.
Précipite, inhumain, leur course infortunée ;
Et sois sûr que contr'eux l'attentat le plus noir
N'égale point pour moi l'horreur de te revoir.
ATRÉE.
Vil rebut des mortels, il te sied bien encore
De braver dans les fers un frere qui t'abhorre !
Hola, Gardes, à moi.
THÉODAMIE.
Que faites-vous, Seigneur ?
Dieux ! sur qui va tomber votre injuste rigueur !

Ne suivrez-vous jamais qu'une aveugle colere ?
Ah ! dans un malheureux reconnoissez un frere.
Que sur ses noirs projets votre cœur combattu
Écoute la nature, ou plutôt la vertu.
Immolez donc, Seigneur, & le pere, & la fille ;
Baignez-vous dans le sang d'une triste famille.
Thyeste, par vous seul accablé de malheurs,
Peut-il être un objet digne de vos fureurs ?

ATRÉE.

Vous prétendez en vain que mon cœur s'attendrisse.
Qu'on lui donne la mort. Gardes, qu'on m'obéisse.
De son sang odieux qu'on épuise son flanc...
Mais non : une autre main doit verser tout son sang.
Oubliois-je ?... Arrêtez qu'on me cherche Plisthène.

SCENE IV.

ATRÉE, THYESTE, PLISTHENE, THÉODAMIE, EURISTHENE, THESSANDRE, LÉONIDE, GARDES.

PLISTHENE.

Ciel ! qu'est-ce que j'entends ! quelle fureur soudaine
De votre voix, Seigneur, a rempli tous ces lieux ?
Qui peut causer ici ces transports furieux ?

THÉODAMIE.

Ces transports, où l'emporte une injuste colere,
Ne menacent, Seigneur, que mon malheureux pere.
Sauvez-le, s'il se peut, des plus funestes coups.

PLISTHENE.

Votre pere, Madame ! ô Ciel ! que dites-vous ?
à Atrée.
A l'immoler, Seigneur, quel motif vous engage ?
De quoi l'accuse-t-on ? quel crime, quel outrage
De l'hospitalité vous fait trahir les droits ?
Auroit-il à son tour violé ceux des Rois ?
Étranger dans ces lieux, que vous a-t-il fait craindre,
A le priver du jour qui puisse vous contraindre ?

ATRÉE

Étranger dans ces lieux ! que tu le connois mal !
De tous mes ennemis tu vois le plus fatal.
C'est de tous les humains le seul que je déteste,
Un perfide, un ingrat : en un mot, c'est Thyeste.

PLISTHENE

Qu'ai-je entendu, grands Dieux ! lui, Thyeste, Seigneur ?
Eh bien, en doit-il moins fléchir votre rigueur ?
Calmez, Seigneur, calmez cette fureur extrême.

TRAGEDIE.
ATRÉE.
Que vois-je? quoi! mon fils armé contre moi-même?
Quoi! celui qui devroit m'en venger aujourd'hui,
Ose à mes yeux encor s'intéresser pour lui?
Lâche, c'est donc ainsi qu'à ton devoir fidéle,
Tu disposes ton bras à servir ma querelle?
PLISTHENE.
Plutôt mourir cent fois: je n'ai point à choisir,
Dans mon sang, s'il le faut, baignez-vous à loisir.
Seigneur, par ces genoux que votre fils embrasse,
Accordez à mes vœux cette derniere grace.
Après l'avoir sauvé des ondes en courroux,
M'en coûtera-t-il plus de le sauver de vous?
A mes justes desirs que vos transports se rendent,
Voyez quel est le sang que mes pleurs vous demandent:
C'est le vôtre, Seigneur, non un sang étranger.
C'est en lui pardonnant qu'il faut vous en venger.
ATRÉE.
Le perfide! si prêt d'éprouver ma vengeance,
Daigne-t-il seulement implorer ma clémence!
THYESTE.
Que pourroit me servir d'implorer ton secours,
Si ton cœur qui me hait veut me haïr toujours?
Eh! que n'ai-je point fait pour fléchir ta colere?
Qui de nous deux, cruel, poursuit ici son frere!
Depuis vingt ans entiers que n'ai-je point tenté
Pour calmer les transports de ton cœur irrité?
Surmonte comme moi la vengeance & la haine:
Régle tes soins jaloux sur les soins de Plisthène;
Et tu verras bientôt, si j'en donne ma foi,
Que tu n'as point d'ami plus fidéle que moi.
ATRÉE.
Quels seront tes garants, lorsque le nom de frere
N'a pu garder ton cœur d'un amour téméraire?
Quand je t'ai vu souiller par tes coupables feux
Les Autels où l'hymen alloit combler mes vœux?
Que peux-tu m'opposer qui parle en ta défense?
Les droits de la nature, ou bien de l'innocence?
THYESTE.
Ne me reproche plus mon crime ni mes feux:
Tu m'as vendu bien cher cet amour malheureux.
Pour t'attendrir enfin, auteur de ma misere,
Considére un moment ton déplorable frere,
Que peux-tu souhaiter qui te parle pour moi?
Regarde en quel état je parois devant toi.
PLISTHENE.
Ah! rendez vous, Seigneur. Je vois que la nature
Dans votre cœur sensible excite un doux murmure.
Ne le combattez point par des soins odieux.

Elle n'inspire rien qui ne vienne des Dieux.
C'est votre frere enfin ; que rien ne vous arrête.
De sa fidélité je réponds sur ma tête.
ATRÉE.
Plisthène, c'en est fait, je me rends à ta voix,
Je me sens attendri pour la premiere fois :
Je veux bien oublier une sanglante injure.
Thyeste, sur ma foi, que ton cœur se rassure :
De mon inimitié ne crains point les retours.
Ce jour même en verra finir le triste cours ;
J'en jure par les Dieux, j'en jure par Plisthène.
C'est le sceau d'une paix qui doit finir ma haine.
Ses soins & ma pitié te répondront de moi,
Et mon fils à son tour me répondra de toi.
Je n'en demande point de garant plus sincere :
Prince, c'est donc sur vous que s'en repose un pere :
Allez, & que ma Cour, témoin de mon courroux,
Soit témoin aujourd'hui d'un entretien plus doux.
   Toi, fais-les avec soin observer, Euristhene.
Disperse les soldats les plus chers à Plisthène ;
Ecarte les amis de cet audacieux,
Et viens sans t'arrêter me réjoindre en ces lieux.

Fin du second Acte.

ACTE III.
SCENE PREMIERE.
ATRÉE, EURISTHENE.
ATRÉE.

ENfin, graces aux Dieux, je tiens en ma puissance
Le perfide ennemi que poursuit ma vengeance.
On l'observe en ces lieux : il ne peut échapper.
La main qui l'a sauvé ne sert qu'à le tromper.
Vengeons-nous ; il est temps que ma colere éclate.
Profitons avec soin du moment qui la flatte ;
Et que l'ingrat Thyeste éprouve dans ce jour
Tout ce que peut un cœur trahi dans son amour.
EURISTHENE.
Et qui vous répondra que Plisthène obéisse ?
Que de cette vengeance il veuille être complice ?
Ne vous souvient-il plus que prêt à la trahir
Il n'a point balancé pour vous désobéir.
ATRÉE.
Il est vrai qu'au refus qu'il a fait de s'y rendre,
Je me suis vu contraint de n'oser l'entreprendre ;

TRAGÉDIE.

D'en différer enfin le moment malgré moi :
Mais qui l'a pu porter à me manquer de foi ?
N'avoit-il pas juré de servir ma colere ?
Tant de soins redoublés pour la fille & le pere
Ne sont-ils les effets que d'un cœur généreux ?
Non, non, la source en est dans un cœur amoureux :
Tant d'ardeur à sauver cette race ennemie
Me dit trop que Plisthène aime Théodamie.
Je n'en puis plus douter ; il la voit chaque jour :
Il a pris dans ses yeux ce détestable amour :
Et je m'étonne encor d'une ardeur si funeste !
Que pouvoit-il sortir d'Ærope & de Thyeste,
Qu'un sang qui dût un jour assouvir mon courroux ?
Le crime est fait pour lui, la vengeance pour nous.
Livrons-le aux noirs forfaits où son penchant le guide ;
Joignons à tant d'horreurs, l'horreur du parricide.
Puis-je mieux me venger de ce sang odieux,
Que d'armer contre lui son forfait & les Dieux ?
Heureux qu'en ce moment le crime de Plisthène
Me laisse sans regret au courroux qui m'entraîne.
Qu'il vienne seul ici.

SCENE II.

ATRÉE seul.

LE soldat écarté
Permet à ma fureur d'agir en liberté.
De son amour pour lui ma vengeance allarmée
Déjà loin de Chalcys a dispersé l'Armée.
Tout ce que ce Palais rassemble autour de moi
Sont autant de sujets dévoués à leur Roi.
Mais pourquoi contre un traître exercer ma puissance ?
Son amour me répond de son obéissance.
Par un coup si cruel je m'en vais l'éprouver,
Et de si près encor je m'en vais l'observer,
Que malgré tous ses soins ma vengeance assurée
Lavera par ses mains les injures d'Atrée.
Je le vois ; & pour peu qu'il ose la trahir,
Je sçai bien le secret de le faire obéir.

SCENE III.
ATRÉE, PLISTHENE.
ATRÉE.

Lassé des soins divers dont mon cœur est la proye,
Prince, il faut à vos yeux que mon cœur se déploye.
Tout semble offrir ici l'image de la paix ;
Cependant ma fureur s'accroît plus que jamais.
L'amour, qui bien souvent loin de nous nous entraîne,
N'est point dans ses retours aussi prompt que la haine.
J'avois cru par vos soins mon courroux étouffé :
Mais je sens qu'ils n'en ont qu'à demi triomphé.
Ma fureur désormais ne peut plus se contraindre :
Ce n'est que dans le sang qu'elle pourra s'éteindre ;
Et j'attends que le bras chargé de la servir,
Loin d'arrêter son cours, soit prêt à l'assouvir.
Plisthène, c'est à vous que ce discours s'adresse.
J'avois cru, sur la foi d'une sainte promesse,
Voir tomber le plus fier de tous mes ennemis.
Mais Plisthène tient mal ce qu'il m'avoit promis ;
Et bravant sans respect & les Dieux & son pere,
Son cœur pour eux & lui n'a qu'une foi legére.
PLISTHENE
Où sont vos ennemis ? J'avois cru que la paix
Ne vous en laissoit point à craindre en ce Palais.
Je ne vois que des cœurs pour vous remplis de zéle ;
Et qu'un fils pour son Roi, respectueux, fidéle,
Qui n'a point mérité ces cruels traitemens :
Où sont vos ennemis, & quels sont mes sermens ?
ATRÉE.
Où sont mes ennemis ? Ciel ! que viens je d'entendre !
Thyeste est dans ces lieux, & l'on peut s'y méprendre !
Vous deviez l'immoler à mon ressentiment :
Voilà mon ennemi, voilà votre serment.
PLISTHENE
Quelle que soit la foi que je vous ai jurée,
J'aurois cru que la vôtre eût été plus sacrée ;
Qu'un frere dans vos bras, à la face des Dieux,
M'eût assez acquité d'un serment odieux.
D'un pareil souvenir ma vertu me dispense.
Je ne me souviens plus que de votre clémence.
Mon devoir a ses droits : mais ma gloire a les siens ;
Et vos derniers sermens m'ont dégagé des miens.
ATRÉE.
Sans vouloir dégager un serment par un autre,
Veux-tu que tous les deux nous remplissions le nôtre ?

TRAGE'DIE.

Et tu verras bientôt, si j'explique le mien,
Que ce dernier serment ajoute encore au tien.
J'ai juré par les Dieux, j'ai juré par Plisthène,
Que ce jour qui nous luit mettroit fin à ma haine.
Fais couler tout le sang que j'exige de toi ;
Ta main de mes sermens aura rempli la foi.
Regarde qui de nous fait au Ciel une injure ;
Qui de nous deux enfin est ici le parjure.

PLISTHENE
Ah ! Seigneur, puis-je voir votre cœur aujourd'hui
Descendre à des détours si peu dignes de lui ?
Non, par de feints sermens je ne crois point qu'Atrée
Ait pu braver des Dieux la majesté sacrée,
Se jouer de sa foi, des crédules humains,
Violer en un jour tous les droits les plus saints.
Enchanté d'une paix si long-temps attendue,
Je vous louois déja de nous l'avoir rendue ;
Et je m'applaudissois, dans des momens si doux,
D'avoir pu d'un héros désarmer le courroux.
J'admirois un grand cœur au milieu de l'offense,
Qui maître de punir méprisoit la vengeance :
Thyeste est criminel : voulez-vous l'être aussi ?
Sont-ce-là vos sermens ? Pardonnez-vous ainsi ?

ATRE'E.
Qui moi, lui pardonner ? les fieres Eumenides
Du sang des malheureux sont cent fois moins avides ;
Et leur farouche aspect inspire moins d'horreur,
Que Thyeste aujourd'hui n'en inspire à mon cœur.
Quels que soient mes sermens, trop de fureur m'anime :
Perfide, il te sied bien d'oser m'en faire un crime :
Laisse-là ces sermens : si j'ai pu les trahir,
C'est au Ciel d'en juger, à toi de m'obéir.
Dans un fils qui faisoit ma plus chere espérance,
Je ne vois qu'un ingrat qui trahit ma vengeance :
Plisthène est un héros, son pere est outragé ;
Il a de la valeur, je ne suis point vengé !
Ah ! ne me forces point dans ma fureur extrême,
Que sçai-je ? hélas ! peut-être à t'immoler toi-même.
Car enfin, puisqu'il faut du sang à ma fureur,
Malheur à qui trahit les transports de mon cœur.

PLISTHENE.
Versez le sang d'un fils, s'il peut vous satisfaire ;
Mais n'en attendez rien à sa vertu contraire ;
S'il faut voir votre affront par un crime effacé,
Je ne me souviens plus qu'on vous ait offensé :
Oui, Seigneur, & ma main, loin d'être meurtriere,
Défendra contre vous les jours de votre frere.
Seconder vos fureurs ce seroit vous trahir ;
Votre gloire m'engage à vous désobéir.

D

ATRÉE.
Enfin j'ouvre les yeux : ta lâcheté, perfide,
Ne me fait que trop voir l'intérêt qui te guide :
Tu trahis pour Thyeste & les Dieux & ta foi.
Ce n'est pas d'aujourd'hui qu'il est connu de toi.
Ose encor me jurer que pour Théodamie
Ton cœur ne brûle point d'une flamme ennemie !
PLISTHENE.
Ah ! si c'est-là trahir mon devoir & ma foi,
Non, jamais on ne fut plus coupable que moi.
Oui, Seigneur, il est vrai, la Princesse m'est chere :
Jugez si c'est à moi d'assassiner son pere.
Vous connoissez le feu qui dévore mon sein ;
Et pour verser son sang vous choisissez ma main !
ATRÉE.
Ce n'est pas la vertu, c'est donc l'amour, parjure,
Qui te force au refus de venger mon injure ?
Voyons si cet amour, qui t'a fait me trahir,
Servira maintenant à me faire obéir.
Tu n'auras pas en vain aimé Théodamie :
Venge-moi dès ce jour, ou c'est fait de sa vie.
PLISTHENE.
Ah ! grands Dieux !
ATRÉE.
Tu frémis : je t'en laisse le choix,
Et te le laisse, ingrat, pour la derniere fois.
PLISTHENE.
Ah ! mon choix est tout fait dans ce moment funeste.
C'est mon sang qu'il vous faut, non le sang de Thyeste.
ATRÉE.
Quand l'amour de mon fils, semble avoir fait le sien,
Il ne m'importe plus de son sang ou du tien.
Obéis cependant, achéve ma vengeance.
L'instant fatal approche & Thyeste s'avance :
S'il n'est mort, lorsqu'enfin je reverrai ces lieux,
J'immole sans pitié ton Amante à tes yeux.
Rappelle tes esprits, avec lui je te laisse.
Au secours de ta main appelle ta Princesse,
Le soin de la sauver doit exciter ton bras.
PLISTHENE.
Quoi ! vous l'immoleriez, je ne vous quitte pas.
Je crois voir dans Thyeste un Dieu qui m'épouvante,
Ah ! Seigneur !
ATRÉE.
Viens donc voir expirer ton Amante,
Du moindre mouvement sa mort sera le fruit.
PLISTHENE seul.
Dieux ! plongez-moi plutôt dans l'éternelle nuit.
Non, cruel, n'attends pas que ma main meurtriere
Fasse couler le sang de ton malheureux frere,

TRAGÉDIE.

Aſſouvis ſi tu veux ta fureur ſur le mien :
Mais, duſſai-je en périr, je défendrai le ſien.

SCENE IV.
THYESTE, PLISTHENE.
THYESTE.

PRince, qu'un tendre ſoin dans mon ſort intéreſſe,
Héros dont les vertus charment toute la Gréce,
Qu'il m'eſt doux de pouvoir embraſſer aujourd'hui
De mes jours malheureux l'unique & ſûr appui.

PLISTHENE.

Quel appui, juſte Ciel! quel cœur impitoyable
Ne ſeroit point touché du ſort qui vous accable!
Ah! plût aux Dieux pouvoir aux dépens de mes jours
D'une ſi chere vie éterniſer le cours!
Que je verrois couler mon ſang avec joie,
S'il terminoit les maux où vous êtes en proie!
Ce n'eſt point la pitié qui m'attendrit, Seigneur;
Je ſens des mouvemens inconnus à mon cœur.

THYESTE.

Seigneur, ſoit amitié, ſoit raiſon qui m'inſpire,
Tout m'eſt cher d'un héros que l'univers admire.
Que ne puis-je exprimer ce que je ſens pour vous?
Non l'amitié n'a pas de ſentiment ſi doux.

PLISTHENE.

Ah! ſi je vous ſuis cher, que mon reſpect extrême
M'acquitte bien, Seigneur, de ce bonheur ſuprême:
On n'aima jamais plus, le Ciel m'en eſt témoin;
A peine la nature iroit-elle auſſi loin;
Et ma tendre amitié par vos maux conſacrée,
A ſemblé redoubler par les rigueurs d'Atrée.
Vous m'aimez; le Ciel ſçait ſi je puis vous haïr;
Ce qu'il m'en coûteroit s'il falloit obéir.

THYESTE.

Seigneur, que dites-vous? qui fait couler vos larmes?
Que tout ce que je vois fait renaître d'allarmes!
Vous ſoupirez; la mort eſt peinte dans vos yeux;
Vos regards attendris ſe tournent vers les Cieux.
Quel malheur ſi terrible a pu troubler Pliſthène?
Juſqu'au fond de mon cœur je reſſens votre peine.
Voulez-vous dérober ce ſecret à ma foi?
Quand je ſuis tout à vous, n'êtes-vous point à moi?
Cher Prince, ignorez-vous à quel point je vous aime?
Ma fille ne m'eſt pas plus chere que vous-même.

PLISTHENE.

Faut-il la voir périr dans ces funeſtes lieux?

THYESTE.

Quel étrange discours ! cher Prince, au nom des Dieux,
Au nom d'une amitié si sincère & si tendre,
Daignez m'en éclaircir.
PLISTHENE.
Ah ! dois-je vous l'apprendre ?
Mais dût tomber sur moi le plus affreux courroux,
Je ne puis plus trahir ce que je sens pour vous.
Fuyez, Seigneur, fuyez.
THYESTE.
Quel est donc ce mystère,
Cher Prince, & qu'ai-je encor à craindre de mon frere ?
PLISTHENE *appercevant Atrée*.
Ah ! Ciel.

SCENE V.
ATRÉE, THYESTE, PLISTHENE.
ATRÉE.

C'Est donc ainsi que fidéle à son Roi...
Mais je sçai de quel prix récompenser la foi....
PLISTHENE.
Ah ! Seigneur, si jamais....
ATRÉE.
Que voulez-vous me dire ?
Sortez : en d'autres lieux vous pourrez m'en instruire.
Votre frivole excuse exige un autre temps ;
Et mon cœur est rempli de soins plus importans.

SCENE VI.
ATRÉE, THYESTE.
THYESTE.

DE ce transport, Seigneur, que faut-il que je pense ?
Qui peut vous emporter à tant de violence ?
Qu'a fait ce fils ? Qui peut vous armer contre lui ?
Ou plutôt contre moi qui vous arme aujourd'hui ?
Ne m'offrez-vous la paix...
ATRÉE.
Quel est donc ce langage ?
A me l'oser tenir quel soupçon vous engage ?
Quelle indigne frayeur a troublé vos esprits ?
Quel intérêt enfin prenez-vous à mon fils ?
Ne puis-je menacer un ingrat qui m'offense,

Sans aigrir de vos soins l'injuste défiance?
Allez : de mes desseins vous serez éclairci ;
Et d'autres intérêts me conduisent ici.

SCENE VII.

ATRÉE seul.

Quoi ! même dans des lieux soumis à ma puissance,
J'aurai tenté sans fruit une juste vengeance ;
Et le lâche, qui doit la servir en ce jour,
Trahit pour la tromper jusques à son amour !
Ah ! je le punirai de l'avoir différée,
Comme fils de Thyeste, ou comme fils d'Atrée.
Mériter ma vengeance est un moindre forfait,
Que d'oser un moment en retarder l'effet :
Perfide, malgré toi, je t'en ferai complice.
Ton Roi, pour tant d'affronts n'a pas pour un supplice.
Je ne punirois point vos forfaits différens,
Si je ne m'en vengeois par des forfaits plus grands.
Où Thyeste paroît, tout respire le crime.
Je me sens agité de l'esprit qui l'anime.
Je suis déjà coupable. Etoit-ce me venger,
Que de charger son fils du soin de l'égorger ?
Qu'il vive : ce n'est plus sa mort que je médite.
La mort n'est que la fin des tourmens qu'il mérite.
Que le perfide en proye aux horreurs de son sort,
Implore comme un bien la plus affreuse mort :
Que ma triste vengeance, à tous les deux cruelle,
Etonne jusqu'aux Dieux qui n'ont rien fait pour elle.
Vengeons tous nos affronts ; mais par un tel forfait,
Que Thyeste lui-même eût voulu l'avoir fait :
Lâche & vaine pitié, que ton murmure cesse :
Dans les cœurs outragés tu n'es qu'une foiblesse.
Abandonne le mien : qu'exiges tu d'un cœur
Qui ne reconnoît plus de Dieux que sa fureur ?
Courons tout préparer, & par un coup funeste
Surpassons, s'il se peut, les crimes de Thyeste.
Le Ciel, pour le punir d'avoir pu m'outrager,
A remis à son sang le soin de m'en venger.

Fin du troisième Acte.

ACTE IV.
SCENE PREMIÉRE.
PLISTHENE, THESSANDRE.

THESSANDRE.

Où courez-vous, Seigneur ? Qu'allez-vous entreprendre ?
PLISTHENE.
D'un cœur au déſeſpoir tout ce qu'on peut attendre.
THESSANDRE.
Quelle eſt donc la fureur dont je vous vois épris ?
Ciel ! dans quel trouble affreux jettez-vous vos eſprits ?
D'où naît ce déſeſpoir que chaque inſtant irrite ?
Pour qui préparez-vous ces vaiſſeaux, cette fuite ?
Quel intérêt enfin arme ici votre bras,
Et ces amis tout prêts à marcher ſur vos pas ?
Parlez, Seigneur : le Roi déſormais plus ſévére....
PLISTHENE.
Qu'avois-je fait aux Dieux pour naître d'un tel pere ?
Ô devoir, dans mon cœur trop long-temps reſpecté,
Laiſſe un moment l'Amour agir en liberté.
Les rigoureuſes loix qu'impoſent la nature
Ne ſont plus que des droits dont la vertu murmure :
Secrets perſécuteurs des cœurs nés vertueux,
Remords, qu'exigez-vous d'un Amant malheureux ?
THESSANDRE.
Que dites-vous, Seigneur ? quelle douleur vous preſſe ?
PLISTHENE.
Theſſandre, il faut périr, ou ſauver ma Princeſſe.
THESSANDRE.
La ſauver ! & de qui ?
PLISTHENE.
Du Roi, dont la fureur
Va lui plonger peut-être un poignard dans le cœur :
C'eſt pour la dérober au coup qui la menace,
Que je n'écoute plus qu'une coupable audace.
Non, cruel, ce n'eſt point pour la voir expirer,
Que du plus tendre amour je me ſens inſpirer.
Croirois-tu que du Roi la haine ſanguinaire
A voulu me forcer d'aſſaſſiner ſon frere ?
Que pour mieux m'obliger à lui percer le flanc,
De ſa fille au refus il doit verſer le ſang.
Ah ! je me ſens ſaiſi d'une fureur nouvelle.
Courons pour la ſauver où mon amour m'appelle.
Mais où la rencontrer ? Eh quoi ! les juſtes Dieux
M'ont-ils déja puni d'un projet odieux ?

TRAGEDIE.

Que fait Théodamie ? hélas ! qu'est-elle devenue ?
Qui peut dans ce Palais la soûstraire à ma vûe ?
Je frémis : retournons les chercher en ces lieux.
Les en sauver, Thessandre, ou périr à leurs yeux.
Allons ; ne laissons point, dans l'ardeur qui l'anime,
Un cœur comme le mien réfléchir sur un crime.
Etouffons des remords que j'avois dû prévoir,
Lorsque je n'attends rien que de mon désespoir.
Suis-moi, c'est trop tarder, & d'un péril extrême
On doit moins balancer à sauver ce qu'on aime :
Ce n'est point un forfait, c'est imiter les Dieux,
Que de remplir son cœur du soin des malheureux.
Mais que vois-je, Thessandre ? ô Ciel ! quelle est ma joie !

SCENE II.
PLISTHENE, THÉODAMIE, THESSANDRE, LÉONIDE.

PLISTHENE.

SE peut-il qu'en ces lieux Plisthène vous revoye ?
Unique objet des soins de mon cœur éperdu,
Hélas ! par quel bonheur nous êtes-vous rendu ?
Quoi ! c'est vous ma Princesse ! Ah ! ma fureur calmée
Fait place à la douleur dont mon ame est charmée.
Dieux, qu'allois-je tenter ! mais quel est votre effroi ?
Qui fait couler vos pleurs ? & qu'est-ce que je voi ?

THÉODAMIE.

Seigneur, vous me voyez les yeux baignés de larmes,
Et le cœur agité des plus vives allarmes.
Thyeste va bientôt ensanglanter ces lieux,
Si vous ne retenez ce Prince furieux.
Trop sûr que votre mort, que la sienne est jurée,
Il veut la prévenir par la perte d'Atrée :
Il erre en ce Palais dans ce cruel dessein,
Tout prêt de lui plonger un poignard dans le sein.
Il est perdu, Seigneur, ce Prince qui vous aime,
Si vous ne le sauvez d'Atrée, ou de lui-même.
Il voit de tous côtés qu'on observe ses pas :
Le péril cependant ne l'épouvante pas.
Si la pitié pour nous peut émouvoir votre ame,
Si moi-même en secret j'approuvai votre flamme,
S'il est vrai que l'amour ait pu vous attendrir ;
Au nom de cet amour daignez le secourir.
Je vous dirois qu'un cœur plein de reconnoissance
D'un service si grand sera la récompense ;
S'il avoit attendu que tant de soins pour nous
Vinssent justifier ce qu'il sentoit pour vous,

ATRÉE ET THYESTE,
PLISTHENE.

Diſſipez vos frayeurs, & calmez vos allarmes.
Vos yeux pour m'attendrir n'ont pas beſoin de larmes :
Hélas ! qui plus que moi doit plaindre vos malheurs ?
Ne craignez rien, mes ſoins ont prévenu vos pleurs.
De ces funeſtes lieux votre fuite aſſurée
Va vous mettre à couvert des cruautés d'Atrée ;
Et je vais s'il le faut aux dépens de ma foi,
Prouver à vos beaux yeux ce qu'ils peuvent ſur moi.
Oui, croyez-en ces Dieux que mon amour atteſte ;
Croyez-en ces garants du ſalut de Thyeſte.
Il m'eſt plus cher qu'à vous : ſans me donner la mort,
Le Roi ne ſera point l'arbitre de ſon ſort.
Votre pere vivra ; vous vivrez, & Plisthène
N'aura point eu pour vous une tendreſſe vaine.
Je ſauverai Thyeſte. Eh ! que n'ai-je point fait ?
Hélas ! ſi vous ſçaviez d'un barbare projet
A quel prix j'ai déjà tenté de le défendre....
Venez ; pour lui, pour vous je vais tout entreprendre.
Heureux ſi je pouvois en vous ſauvant tous deux,
Prêt de ne vous voir plus, expirer à vos yeux.
Mais Thyeſte paroît, quel bonheur eſt le nôtre :
Quel favorable ſort nous rejoint l'un & l'autre ?

SCENE III.
THYESTE, PLISTHENE, THÉODAMIE, THESSANDRE, LÉONIDE.

THYESTE appercevant Plisthène.

Que vois-je ? Dieux puiſſans, après un ſi grand bien,
Non, Thyeſte de vous ne demande plus rien.
Quoi, Prince, vous vivez ! Eh comment d'un perfide
Avez-vous pu fléchir le courroux parricide ?
Que faiſiez-vous, cher Prince ? & dans ces mêmes lieux
Qui pouvoit ſi long-temps vous cacher à nos yeux ?
Effrayé des fureurs où mon ame eſt livrée,
Je vous croyois déjà la victime d'Atrée :
Plisthène dans ces lieux n'étoit point attendu.
Je l'avoue à mon tour, je m'en ſuis cru perdu :
J'allois tenter....

PLISTHENE.

Calmez le ſoin qui vous dévore,
Vous n'êtes point perdu, puiſque je vis encore.
Tant que l'aſtre du jour éclairera mes yeux,
Il n'éclairera point votre pere en ces lieux.
Malgré tous mes malheurs, je vis pour vous défendre.

De

TRAGEDIE.

De ces bords cependant fuyez sans plus attendre ;
Et sans vous informer d'un odieux secret,
Croyez-en un ami qui vous quitte à regret.
Adieu, Seigneur, adieu : mon ame est satisfaite
D'avoir pû vous offrir une sûre retraite.
Thessandre doit guider, au sortir du Palais,
Des pas que je voudrois n'abandonner jamais.

THYESTE.

Moi fuir, Prince! qui moi? que je vous abandonne?
Ah! ce n'est pas ainsi que ma gloire en ordonne.
Instruit par vos bontés pour un sang malheureux,
Je ne trahirai point l'exemple généreux :
Accablé des malheurs où le destin me livre,
Je veux mourir en Roi, si je ne puis plus vivre.
Laissez-moi près de vous : je ne puis vous quitter.
De noirs pressentimens viennent m'épouvanter :
Je sens à chaque instant que mes craintes redoublent ;
Que pour vous en secret mes entrailles se troublent :
Je combats vainement de si vives douleurs ;
Un pouvoir inconnu me fait verser des pleurs ;
Laissez-moi partager le sort qui vous menace.
Au courroux du Tyran la tendresse a fait place.
Les noms de fils pour lui sont des noms superflus ;
Et ce n'est pas son sang qu'il respecte le plus.

PLISTHENE.

Ah! qu'il verse le mien : plût au Ciel que mon pere
Dans le sang de son fils eût éteint sa colere!
Fuyez, Seigneur, fuyez, & ne m'exposez pas
A l'horreur de vous voir égorger dans mes bras.
Hélas! je ne crains point pour votre seule vie :
Ne fuyez pas pour vous, mais pour Théodamie.
C'est vous en dire assez, Seigneur : sauvez du moins
L'objet de ma tendresse & l'objet de mes soins ;
Et ne m'exposez pas à l'horreur légitime
D'avoir sans fruit pour vous osé tenter un crime.
Fuyez : n'abusez point d'un moment précieux.
Cherchez-vous à périr dans ces funestes lieux?
Thessandre, conduisez....

THESSANDRE.
Seigneur, le Roi s'avance.

PLISTHENE.
Il en est temps encor, évitez sa présence.

SCENE IV.

ATRÉE, THYESTE, PLISTHENE, THÉODAMIE, EURISTHENE, THESSANDRE, LÉONIDE, GARDES.

ATRÉE.

D'Où vient à mon abord le trouble où je vous vois ?
Ne craignez rien, les Dieux ont fléchi votre Roi.
Ce n'est plus ce cruel guidé par sa vengeance ;
Et le Ciel dans son cœur a pris votre défense.
à Thyeste.
Ne crains rien pour des jours par ma rage proscrits.
Gardes, éloignez-vous. Rassure tes esprits :
D'une indigne frayeur je vois ton ame atteinte :
Thyeste, chasses-en les soupçons & la crainte.
Ne redoute plus rien de mon inimitié :
Toute ma haine céde à ma juste pitié :
Ne crains plus une main à te perdre animée :
Tes malheurs sont si grands, qu'elle en est désarmée ;
Et les Dieux, effrayés des forfaits des humains,
Jamais plus à propos n'ont trahi leurs desseins.
Quelle étoit ma fureur ! & que vais-je t'apprendre ?
Ton cœur déja tremblant va frémir de l'entendre.
Je le répéte encor, tes malheurs sont si grands,
Qu'à peine je les crois, moi qui te les apprends.
Il lui montre un billet d'Ærope.
Ce billet seul contient un secret si funeste....
Mais avant que l'ouvrir, écoute tout le reste.
Tu n'a pas oublié les sujets odieux
D'un courroux excité par tes indignes feux :
Souviens-t-en ; c'est à toi d'en garder la mémoire ;
Pour moi, je les oublie ; ils blessent trop ma gloire.
Cependant contre toi que n'ai-je point tenté ?
J'en sens encor frémir mon cœur épouvanté.
En vain sur mes sermens ton ame rassurée,
Comptoit sur une paix que je t'avois jurée,
Car dans l'instant fatal où j'attestois les Cieux,
Je me jurois ta mort, & j'imposois aux Dieux !
Je n'en veux pour témoin que ce même Plisthène,
Par de pareils sermens qui sçut tromper ma haine.
C'étoit lui qui devoit me venger aujourd'hui.
D'un crime dont l'affront rejaillissoit sur lui :
Et pour mieux l'engager à t'arracher la vie,
J'en devois, au refus, priver Théodamie.
De ce récit affreux ne prend aucun effroi ;
Tu dois te rassurer en le tenant de moi.

TRAGEDIE.

à Plisthène.

Et toi, dont la vertu m'a garanti d'un crime,
Ne crains rien d'un courroux peut-être légitime.
Si c'est un crime à toi de ne le point servir,
Quelle eût été l'horreur d'avoir pu l'assouvir ?
Enfin c'eût été peu que d'immoler mon frere,
Le malheureux auroit assassiné son pere.

THYESTE.

Moi, son pere !

ATRÉE.

Ces mots vont t'en instruire, lis.
Il lui donne la lettre d'Ærope

THYESTE.

Dieux, qu'est ce que je vois ! c'est d'Ærope. Ah ! mon fils !
La nature en mon cœur éclaircit ce mystere.
Thyeste t'aimoit trop pour n'être point ton pere.
Cher Plisthène, mes vœux sont enfin accomplis.

PLISTHENE.

Ciel ! qu'est-ce que j'entends ? Moi, Seigneur votre fils !
Tout sembloit réserver, dans un jour si funeste,
Ma main au parricide, & mon cœur à l'inceste.
Grands Dieux ! qui m'épargnez tant d'horreur en ce jour,
Dois-je bénir vos soins, ou plaindre mon amour ?

à Atrée.

Vous, qui, trompé long-temps dans une injuste haine,
Du nom de votre fils honorâtes Plisthène ;
Quand je ne le suis plus, Seigneur, il m'est bien doux
D'être du moins sorti d'un même sang que vous.
Je ne suis consolé de perdre en vous un pere,
Que lorsque je deviens le fils de votre frere :
Mais ce fils, près de vous privé d'un si haut rang,
L'est toujours par le cœur, s'il ne l'est par le sang.

ATRÉE.

C'eût été pour Atrée une perte funeste,
S'il eût fallu te rendre à d'autres qu'à Thyeste.
Le destin ne pouvoit : qu'en te donnant à lui,
Me consoler d'un bien qu'il m'enléve aujourd'hui.
Euristhene, sensible aux larmes de ta mere
Est celui qui me fit de son bourreau ton pere :
Instruit de mes fureurs, c'est lui dont la pitié
Vient de vous sauver tous de mon inimitié.

à Thyeste.

Thyeste, après ce fils que je viens de te rendre,
Tu vois si désormais je cherche à te surprendre.
Reçois-le de ma main pour garant d'une paix,
Que mes soupçons jaloux ne troubleront jamais.
Enfin, pour t'en donner une entiere assurance,
C'est par un fils si cher que ton frere commence :
En faveur de ce fils, qui fut long-temps le mien,

De mon Sceptre aujourd'hui je détache le tien,
Rentre dans tes Etats sous de si doux auspices,
Qui de notre union ne sont que les prémices.
Je prétends que ce jour qui souloit ma fureur,
Achéve de bannir les soupçons de ton cœur.
Thyeste, en croiras-tu la coupe de nos peres?
Est-ce offrir de la paix des garants peu sinceres?
Tu sçais qu'aucun de nous, sans un malheur soudain,
Sur ce gage sacré n'ose jurer en vain :
C'est sa perte, en un mot; cette coupe fatale
Est le serment du Styx pour le fils de Tantale :
Je veux bien aujourd'hui, pour lui prouver ma foi,
En mettre le péril entre Thyeste & moi.
Veut-il bien à son tour que la coupe sacrée
Achéve l'union de Thyeste & d'Atrée?

THYESTE.

Pourriez-vous m'en offrir un gage plus sacré
Que de me rendre un fils? Mon cœur est rassuré;
Et je ne pense pas que le don de Plisthène,
Soit un présent, Seigneur, que me fait votre haine.
J'accepte cependant ces garants d'une paix,
Qui fait depuis long-temps mes plus tendres souhaits.
Non que d'aucun détour un frere vous soupçonne;
A la foi d'un grand Roi Thyeste s'abandonne :
S'il en reçoit enfin des gages en ce jour,
C'est pour vous rassurer sur la sienne à son tour.

ATRÉE.

Pour cet heureux moment qu'en ces lieux tout s'apprête :
Qu'un pompeux sacrifice en précéde la fête.
Trop heureux, si Thyeste, assuré de la paix,
Daigne la regarder comme un de nos bienfaits!
Vous, qui de mon courroux avez sauvé Plisthène,
C'est vous, de ce grand jour que je charge, Euristhene;
J'en remets à vos soins la fête & les appréts;
Courez tout préparer au gré de mes souhaits.
Mon frere n'attend plus que la coupe sacrée;
Offrons-lui ce garant de l'amitié d'Atrée.
Puisse le nœud sacré, qui doit nous réunir,
Effacer de son cœur un triste souvenir!
Pourra-t-il oublier?....

THYESTE.

Tout, jusqu'à sa misere,
Il ne se souvient plus que d'un fils & d'un frere.

PLISTHENE à *Thessandre.*

Dès ce moment au Port précipite tes pas;
Que le vaisseau sur tout ne s'en écarte pas.
De mille affreux soupçons j'ai peine à me défendre;
Cours; & que nos amis viennent ici m'attendre.

Fin du quatrième Acte.

ACTE V.
SCENE PREMIERE.
PLISTHENE seul.

THESSANDRE ne vient point, rien ne l'offre à mes yeux,
Tout m'abandonne-t-il dans ces funestes lieux ?
Tristes pressentimens que le malheur enfante,
Que la crainte nourrit, que le soupçon augmente;
Secrets avis des Dieux, ne pressez plus un cœur,
Dont toute la fierté combat mal la frayeur :
C'est en-vain qu'elle veut y mettre quelque obstacle,
Le cœur des malheureux n'est qu'un trop sûr oracle.
Mais pourquoi m'allarmer, & quel est mon effroi ?
Puis-je, sans l'outrager, me défier d'un Roi,
Qui semble désormais, cédant à la nature,
Oublier qu'à sa gloire on ait fait une injure ?
L'oublier ? ah ! moi-même oubliai-je aujourd'hui
Ce qu'il vouloit de moi, ce que j'ai vû de lui ?
Puis-je en croire une paix déjà sans fruit jurée ?
Dès qu'il faut pardonner, n'attendons rien d'Atrée.
Je ne connois que trop ses transports furieux ;
Et sa fausse pitié n'éblouit point mes yeux.
C'est en vain de sa main que je reçois un pere ;
Tout ce qui vient de lui, cache quelque mystère ;
J'en ai trop éprouvé de son perfide cœur,
Pour oser sur sa foi déposer ma frayeur.
Je ne sçai quel soupçon irrite mes allarmes ;
Mais du fond de mon cœur je sens couler mes larmes.
Thessandre ne vient point : tant de retardemens
Ne confirment que trop mes noirs pressentimens.
Mais je le vois.

SCENE II.
PLISTHENE, THESSANDRE.
PLISTHENE.

EH bien, en est-ce fait, Thessandre ?
Sur les bords de l'Euripe il est temps de nous rendre;
Pour cet heureux moment as-tu tout préparé ?
De nos amis secrets t'es-tu bien assuré ?

THESSANDRE.

Il ne tient plus qu'à vous d'éprouver leur courage,

Je les ai dispersés, ici, sur le rivage.
Tout est prêt : cependant, si Plisthène aujourd'hui
Veut en croire des cœurs pleins de zèle pour lui,
Il ne partira point : ce dessein téméraire
Pourroit causer sa perte & celle de son pere.
PLISTHENE.
Ah ! je ne fuirois pas, quel que fût mon effroi,
Si mon cœur aujourd'hui ne trembloit que pour moi.
Thessandre, il faut sauver mon pere & la Princesse ;
Ce n'est plus que pour eux que mon cœur s'intéresse.
Cherche Théodamie, & ne la quitte pas.
Moi, je cours retrouver Thyeste de ce pas.
THESSANDRE.
Eh ! que prétendez-vous, Seigneur, lorsque son frere
Semble de sa présence accabler votre pere ?
Il ne le quitte point ; ses longs embrassemens
Sont toujours resserrés par de nouveaux sermens :
Un superbe festin par son ordre s'apprête ;
Il appelle les Dieux à cette auguste fête ;
Mon cœur, à cet aspect, qui s'est laissé charmer,
Ne voit rien dont le vôtre ait lieu de s'allarmer.
PLISTHENE.
Et moi, je ne vois rien dont le mien ne frémisse.
De quelque crime affreux cette fête est complice :
C'est assez qu'un Tyran la consacre en ces lieux ;
Et nous sommes perdus, s'il invoque les Dieux.
Va, cours avec ma sœur nous attendre au rivage.
Moi, je vais à Thyeste ouvrir un sûr passage.
Dieux puissans ! secondez un si juste dessein,
Et dérobez mon pere aux coups d'un inhumain.

SCENE III.
ATRÉE, PLISTHENE, Gardes.
ATRÉE.
DEmeure, digne fils d'Ærope & de Thyeste ;
Demeure, reste impur du sang que je déteste :
Pour remplir de tes soins le projet important,
Demeure, c'est ici que Thyeste t'attend ;
Et tu n'iras pas loin pour rejoindre, perfide,
Les traîtres qu'en ces lieux arme ton parricide.
Prince indigne du jour, voilà donc les effets
Que dans ton ame ingrate ont produit mes bienfaits ?
A peine le destin te redonne à ton pere,
Que ton cœur aussi-tôt en prend le caractere ;
Et plus ingrat que lui, puisqu'il me devoit moins,
L'attentat le plus noir est le prix de mes soins,

TRAGÉDIE.

Va, pour le prix des tiens, retrouver tes complices;
Va périr avec eux dans l'horreur des supplices.

PLISTHENE.

Pourquoi me supposer un indigne forfait?
Est-ce pour vos pareils que le prétexte est fait?
Vos reproches honteux n'ont rien qui me surprenne;
Et je ne sçai que trop ce que peut votre haine.
Aurois-je prétendu, né d'un sang odieux,
Vous être plus sacré que n'ont été les Dieux?
A travers les détours de votre ame parjure,
J'entrevois des horreurs dont frémit la nature.
Dans la juste fureur dont mon cœur est épris...
Mais non, je me souviens que je fus votre fils.
Malgré vos cruautés, & malgré ma colere,
Je crois encor ici m'adresser à mon pere:
Quoique trop assuré de ne point l'attendrir,
Je sens bien que du moins je ne dois point l'aigrir;
Dans l'espoir que ma mort pourra vous satisfaire,
Que vous épargnerez votre malheureux frere.
Le crime supposé qu'on m'impute aujourd'hui,
Tout, jusqu'à son départ, est un secret pour lui.
Sur la foi d'une paix si saintement jurée,
Il se croit sans péril entre les mains d'Atrée.
J'ai pénétré moi seul au fond de votre cœur;
Et mon malheureux pere est encor dans l'erreur.
Je ne vous parle point d'une jeune Princesse;
A la faire périr rien ne vous intéresse.

ATRÉE.

Va, tu prétends en vain t'éclaircir de leur sort;
Meurs dans ce doute affreux, plus cruel que la mort.
De leur sort aux enfers va chercher qui t'instruise.
Où l'on doit l'immoler, Gardes, qu'on le conduise.
Versez, à ma fureur, ce sang abandonné,
Et songez à remplir l'ordre que j'ai donné.

SCENE IV.

ATRÉE seul.

VA périr malheureux; mais dans ton sort funeste
Cent fois moins malheureux que le lâche Thyeste.
Que je suis satisfait! que de pleurs vont couler
Pour ce fils qu'à ma rage on est prêt d'immoler!
Quel que soit en ces lieux son supplice barbare,
C'est le moindre tourment qu'à Thyeste il prépare.
Ce fils infortuné, cet objet de ses vœux,
Va devenir pour lui l'objet le plus affreux.
Je ne te l'ai rendu que pour te le reprendre,

ATRÉE ET THYESTE,
Mes jours infortunés valent-ils ce bienfait?
Euristhene, donnez, laissez-moi l'avantage
De jurer le premier sur ce précieux gage.
Mon cœur à son aspect de son trouble est remis :
Donnez ; mais cependant je ne vois point mon fils.
Il prend la coupe des mains d'Atrée.
ATRÉE.
à ses Gardes.
Il n'est point de retour ? Rassurez-vous, mon frere :
Vous reverrez bientôt une tête si chere :
C'est de notre union le nœud le plus sacré :
Craignez moins que jamais d'en être séparé.
THYESTE.
Soyez donc les garans du salut de Thyeste,
Coupe de nos Ayeux, & vous, Dieux que j'atteste :
Puisse votre courroux foudroyer désormais
Le premier de nous deux qui troublera la paix.
Et vous, frere aussi cher que ma fille & Plisthène,
Recevez de ma foi cette preuve certaine.
Mais que vois-je perfide ? Ah ! grands Dieux quelle horreur !
C'est du sang ! tout le mien se glace dans mon cœur,
Le Soleil s'obscurcit, & la coupe sanglante
Semble fuir d'elle-même à cette main tremblante.
Je me meurs. Ah ! mon fils qu'êtes-vous devenu ?

SCENE DERNIERE.

ATRÉE, THYESTE, THÉODAMIE,
EURISTHÈNE, LÉONIDE, Gardes.

THÉODAMIE.

L'Avez-vous pû souffrir, Dieux cruels ! qu'ai-je vû ?
Ah ! Seigneur, votre fils, mon déplorable frere,
Vient d'être pour jamais privé de la lumiere.
THYESTE.
Mon fils est mort, cruel, dans ce même Palais,
Et dans le même instant où l'on m'offre la paix !
Et pour comble d'horreurs, pour comble d'épouvante
Barbare, c'est du sang que ta main me présente !
O terre ! en ce moment peux-tu nous soutenir ?
O de mon songe affreux triste ressouvenir !
Mon fils, est-ce ton sang qu'on offroit à ton pere ?
ATRÉE.
Méconnois-tu ce sang?
THYESTE.
Je reconnois mon frere.
ATRÉE.
Il falloit le connoître, & ne point l'outrager ;
Ne point forcer ce frere, ingrat à se venger.

TRAGEDIE

THYESTE.

Grands Dieux! pour quel forfait lancez-vous le tonnerre?
Monstre, que les Enfers ont vomi sur la terre,
Assouvis la fureur dont ton cœur est épris;
Joins un malheureux pere à son malheureux fils:
A ses mânes sanglans donne cette victime,
Et ne t'arrête point au milieu de ton crime.
Barbare, peux-tu bien m'épargner en des lieux
Dont tu viens de chasser & le jour & les Dieux?

ATRÉE.

Non, à voir les malheurs où j'ai plongé ta vie,
Je me repentirois de te l'avoir ravie.
Par tes gémissemens je connois ta douleur;
Comme je le voulois tu ressens ton malheur:
Et mon cœur, qui perdoit l'espoir de sa vengeance,
Retrouve dans tes pleurs son unique espérance.
Tu souhaites la mort, tu l'implores; & moi,
Je te laisse le jour pour me venger de toi.

THYESTE.

Tu t'en flattes en vain; & la main de Thyeste
Sçaura bien te priver d'un plaisir si funeste.

Il se tue.

THÉODAMIE.

Ah! Ciel!

THYESTE.

Consolez-vous, ma fille, & de ces lieux
Fuyez, & remettez votre vengeance aux Dieux.
Contente par vos pleurs d'implorer leur justice,
Allez loin de ce traître attendre son supplice.
Les Dieux, que ce parjure ont fait pâlir d'effroi,
Le rendront quelque jour plus malheureux que moi.
Le Ciel me le promet, la coupe en est le gage:
Et je meurs.

ATRÉE.

A ce prix, j'accepte le présage.
Ta main en t'immolant a comblé mes souhaits:
Et je jouis enfin du fruit de mes forfaits.

FIN.

www.ingramcontent.com/pod-product-compliance
Lightning Source LLC
Chambersburg PA
CBHW070657050426
42451CB00008B/390